貪吃的胖阡豆

自我節制

新雅文化事業有限公司
www.sunya.com.hk

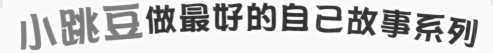

小跳豆做最好的自己故事系列

培養積極樂觀的正向性格，讓孩子快樂地成長！

擁有正向性格的孩子，會願意主動探索新事物和迎接挑戰。因此，培養幼兒樂觀積極的正向態度非常重要。

《小跳豆做最好的自己故事系列》共10冊，分別由10位性格不同的豆豆好友團團員擔當主角。孩子透過他們的經歷，可以進一步認識自己、了解他人，嘗試明白並接納不同人的性格特點，學習以正向的態度發揮所長、擁抱自己的不完美，以及面對各種困難，積極樂觀地成長。

豆豆好友團介紹

跳跳豆　糖糖豆　哈哈豆　小紅豆　皮皮豆

胖胖豆　力力豆　博士豆　火火豆　脆脆豆

齊來認識本冊的主角吧！

胖胖豆

- 貪吃
- 愛跟朋友分享
- 慷慨大方

新雅·點讀樂園 升級功能

　　本系列屬「新雅點讀樂園」產品之一，若配備新雅點讀筆，爸媽和孩子可以使用全書的點讀和錄音功能，聆聽粵語朗讀故事、粵語講故事和普通話朗讀故事，更可錄下爸媽和孩子的聲音來說故事，增添親子閱讀的趣味！

　　家長如欲另購新雅點讀筆，或想了解更多新雅的點讀產品，請瀏覽新雅網頁(www.sunya.com.hk)。

如何使用新雅點讀筆閱讀故事？

1. 下載本故事系列的點讀筆檔案

1 瀏覽新雅網頁(www.sunya.com.hk) 或掃描右邊的QR code 進入  新雅·點讀樂園 。

2 點選 下載點讀筆檔案 ▶ 。

3 依照下載區的步驟說明，點選及下載《小跳豆做最好的自己故事系列》的點讀筆檔案至電腦，並複製至新雅點讀筆的「BOOKS」資料夾內。

2. 啟動點讀功能

　　開啟點讀筆後，請點選封面右上角的 新雅·點讀樂園 圖示，然後便可翻開書本，點選書本上的故事文字或圖畫，點讀筆便會播放相應的內容。

3. 選擇語言

如想切換播放語言，請點選內頁右上角的 粵☆普 圖示，當再次點選內頁時，點讀筆便會使用所選的語言播放點選的內容。

4. 播放整個故事

如想播放整個故事，請直接點選以下圖示：

5. 製作獨一無二的點讀故事書

爸媽和孩子可以各自點選以下圖示，錄下自己的聲音來說故事！

1 先點選圖示上 爸媽錄音 或 孩子錄音 的位置，再點 OK，便可錄音。

2 完成錄音後，請再次點選 OK，停止錄音。

3 最後點選 ▶ 的位置，便可播放錄音了！

4 如想再次錄音，請重複以上步驟。注意每次只保留最後一次的錄音。

胖胖豆很愛吃，尤其愛吃零食。
一看見糖果、雪糕、薯片、汽水，
他就忍不住吃啊吃……

還有一個多月，豆豆們便要在
聯歡晚會上表演「豆豆舞」了。
「胖胖豆，你怎麼又胖了？
現在連表演的服裝都穿不下了。」
皮皮豆說。

「豆豆舞」是豆豆們的
集體活動，一個也不能少。
為了演出，胖胖豆決心減肥。
減肥並不是一件容易的事，
豆豆們決定幫助胖胖豆
完成任務。

首先，跳跳豆為胖胖豆制定目標：
「一個月內，能夠穿上表演服。」

有了目標，就要有實際行動。
博士豆為胖胖豆設計健康食譜，
小紅豆和力力豆負責
準備食材。

除了控制飲食，
運動也非常重要。
火火豆和糖糖豆每天
都陪胖胖豆做運動。

當胖胖豆覺得辛苦，
撐不下去的時候，
皮皮豆、哈哈豆和脆脆豆
輪流扮鬼臉，說笑話和講故事，
逗他高興。

胖胖豆覺得做運動太辛苦了，
沒有零食吃也令人難以忍受。
一星期後，胖胖豆快要堅持不下去了。
「胖胖豆，你做得到的。」
豆豆們不停鼓勵他。

胖胖豆想到朋友的鼓勵，
想到快將到來的集體演出，
再看看跳跳豆為他寫下的「目標」。
胖胖豆決定……

一個月後，胖胖豆再穿上表演服，
表演服既合身又好看。
大家都為胖胖豆達成目標而歡呼呢！

胖胖豆也覺得自己的身體健康了，
身手更靈活了，
跳起舞來也更好看了。

聯歡晚會上，
豆豆們落力演出「豆豆舞」，
贏得觀眾熱烈的掌聲。

第二天，跳跳豆替胖胖豆
把舊的「目標」取下，
換上新的「目標」。
豆豆們説：
「胖胖豆，你做得到的。」
小朋友，你知道胖胖豆的新目標
是什麼嗎？

小跳豆做最好的自己故事系列
貪吃的胖胖豆

作者：袁妙霞
繪圖：李成宇
策劃：黃花窗
責任編輯：黃偲雅
美術設計：劉麗萍
出版：新雅文化事業有限公司
香港英皇道499號北角工業大廈18樓
電話：（852）2138 7998
傳真：（852）2597 4003
網址：http://www.sunya.com.hk
電郵：marketing@sunya.com.hk
發行：香港聯合書刊物流有限公司
香港荃灣德士古道220-248號荃灣工業中心16樓
電話：（852）2150 2100
傳真：（852）2407 3062
電郵：info@suplogistics.com.hk
版次：二○二三年六月初版

ISBN: 978-962-08-8161-9
© 2023 Sun Ya Publications (HK) Ltd.
18/F, North Point Industrial Building, 499 King's Road, Hong Kong
Published in Hong Kong SAR, China
Printed in China